Gudrun Monitzer • Einfach die Wahrheit

Gudrun Monitzer

Einfach die Wahrheit

FRIELING

Bibliografische Information der Deutschen Nationalbibliothek
Die Deutsche Nationalbibliothek verzeichnet diese Publikation in der Deutschen Nationalbibliografie;
detaillierte bibliografische Daten sind im Internet über http://dnb.d-nb.de abrufbar.

Eine Marke der Frieling & Huffmann GmbH & Co. KG Rheinstraße 46, DE 12161 Berlin
Telefon: +49(0)30 / 76 69 99-0
www.frieling.de

ISBN 978-3-8280-3776-2
1. Auflage 2023
Bildquelle: Gudrun Monitzer
Auch als E-Book erhältlich (ISBN 978-3-3777-9)

Printed in Germany

Inhalt

„Moderne Pädagogik“ 8
Wäre mein Leben ein Schiff 10
Sara lebt 13
Weniger ist bei Ihnen mehr 14
Danke V. 15
So stark 16
Das Leben – ein Murmelspiel 17
Geschichten-Aura 18
Irgendwie 20
Lebenszeugnis 21
Nachtgedicht 23
Überzeugungen 24
Anstrengend 25
Selbst-Liebe 26
Selbst-los 27
Seelen-Arbeit 28
Warum ich den Boden meiner Terrasse so mag 30
Überlebensstrategien 31
Heimat - innere Heimat 33
Ruhe 35
Zu Herzen genommen 35
GLEICHGEWICHT 36
Hamsterrad 37
Urlaub 38
Verharmlosung 39
GEWALT IN DER SPRACHE I 40
Gewalt in der Sprache II 41
Gewalt in der Sprache III 42
Rückzug 43
Lebenskalender 44

Nichts 45
Hängematte 46
Als Katharinas Körper zu schmerzen begann 47
Innenweltverschmutzung 49
Stimmig 50
Einsortieren wolltet ihr mich 51
Grau war mein Leben 52
Nichts getan 53
Wut ist 54
Ich dachte immer..56
Der störrische Esel..57
Urvertrauen 58
Was ist deine Lebensphilosophie?.......................................60
Energie 60
Poesie des Alltags 61
Irgendwie kann ich heute nichts anfangen 63
Katharinas Bett ruft sie 64
Glück in Prozent 66
Katharinas Lichtschwert..67
Katharinas Seele 68
Friedensbombe 70
Ge-lassen-heit...72
Kennst du das Buch 72
LASST UNS DAS LEBEN FEIERN 73
SELBSTBEWUSSTSEIN SELBSTSICHERHEIT SELBSTVERTRAUEN 76
Mein Dankgebet heute 78
Medien..80
Klischees 82
Kaputt gegangen 83
MOTIVATION 84

Die Dankbarkeit des Morgens 85
Stoppschilder 87
Psychosomatik 88
Gefühle 90
OPFER? 91
SELBSTMITLEID 92
Störungsfrei 93
VERANTWORTUNG 94
Was sind 95
Was ist deine Lebensphilosophie? 96
WISSENSCHAFTLICHE UNTERSUCHUNG 97
ZUFRIEDENHEIT 99
Zusammenbruch 100
Für Z. 101
Zwiegespräch 102
Vorläufige Lebensbilanz 104
Zweifel 105
Was gibt mir heute Energie??? 106
Energie II 107
Selbst-Erfahrung 108
„Waffen“ 109

„Moderne Pädagogik“

Spiel
„Wer fürchtet sich vor’m Osterhasen?“

In meinen
Kindheitstagen
hieß das Spiel noch
„Wer fürchtet sich vor’m schwarzen Mann?“

Heute
ist der schwarze Mann
politically incorrect

Heute müsste man ihn
wohl „starkpigmentiert“ nennen

Gut dass ich mit
„moderner Pädagogik“
nichts mehr zu tun habe

Denn

Für mich ist der schwarze Mann

einfach
ein Mann
der sein Gesicht
und vielleicht auch seine Hände
schwarz bemalt hat
Und außerdem:

Vor’m Osterhasen
habe ich mich noch nie
und möchte ich mich auch nie
fürchten

Nun wisst ihr
warum ich heute nicht mehr
Pädagogin bin

Wäre mein Leben ein Schiff

Es wäre kein Ozeandampfer
Es wäre kein Ausflugsschiff
Keine Fähre

Es wäre ein Floß
Ich würde rudern
mit einem großen
langen Ruder aus Holz
würde tief eintauchen
um mit dem Ruder den Boden
des Flusses zu berühren
zu erreichen

Das Floß hätte auch Platz für meine Freunde
Es gäbe auf diesem Floß
keinen Kapitän
keinen Anführer

Wir würden alle zusammen rudern
würden uns abwechseln
Einer rudert weiter
während der andere sich ausruhen kann

Manchmal taucht einer
ein in den Fluss
holt Muscheln heraus
oder Fische

Abends
braten wir alle gemeinsam
die Fische

Singen am Lagerfeuer
Lieder über
das Leben
über unsere Freundschaft
essen gemeinsam den Fisch
reihum wird er gereicht

Wir haben aber auch Brot
gebraten am Stock
denn keiner muss den Fisch essen

Einer geht vielleicht
findet Blätter oder Beeren
im Wald
der an den Fluss grenzt

Dann in der Nacht vertäuen wir das Floß
finden einen starken Baum am Flussufer
an dem wir das Tau anbinden

Vielleicht schwimmen noch ein paar
meiner Freunde
im Fluss
Vielleicht sitzt einer verträumt am Ufer
und betrachtet den sternenklaren Himmel
Vielleicht horcht einer auf die Geräusche
der Tiere im nahen Wald

Vielleicht macht einer noch einen
Spaziergang

Dann nachts
liegen wir im Kreis

in unseren Schlafsäcken
Das Lagerfeuer lassen wir brennen
damit es wilde Tiere verscheucht

Jeder ist einmal Wärter
hält Nachtwache
löst seinen Freund ab
wenn dieser zu müde geworden ist

Am nächsten Morgen nehmen
wir unsere Schlafsäcke
packen sie auf das Floß

löschen das Lagerfeuer

steigen auf das Floß
und rudern weiter

Gespannt auf die Abenteuer
die uns der Fluss
noch bringen wird

Sara lebt

Heute lebt Sara
in dieser Welt

Auch gestern lebte sie
in dieser Welt

Heute muss sie
in dieser Welt leben

Heute will sie
in dieser Welt leben

Weil sie es
in die anderen Welten
nicht schafft

Weil sie es
nicht aushält
in den anderen Welten

Sara lebte gestern
Sara lebt heute

Sie lebt.

Weniger
ist bei Ihnen
mehr
haben Sie gesagt

Sie haben Recht

Nur habe ich manchmal
eben so viel in mir
bin ich manchmal so voll

Wie gut
dass es Tagebücher gibt

Danke V.

Du warst bei mir auf Besuch

Ich saß
auf meinem Gymnastikball
und sagte zu dir
-verzweifelt-

Ich fühle mich
wieder mal
wie der letzte Dreck

Da gingst du auf mich zu

Du
die sich normalerweise
mit Körperkontakt
eher schwer tut

Hast deine Arme
um meinen Hals
gelegt
und zu mir gesagt

Für mich bist du ein sehr wertvoller Mensch

Danke, V.

So stark

ist meine Sehnsucht
heute

Wonach
weiß ich noch nicht genau

Ich mache mich
auf die Suche

Vielleicht weiß ich es dann
Vielleicht auch nicht

Das Leben – ein Murmelspiel

Murmeln
sind so schön
Sie schillern so schön
sie rollen
sie kugeln

Auch mein Leben schillert heute
so schön bunt schillert es

Geschichten-Aura

Hätte ich heute
eine Geschichten-Aura
um mich

Sie wäre
braun
dunkelbraun
und schwarz
grau
dunkelgrau
mit manchen gelben, weißen
Flecken
hellgrünen Spritzern

einigen
hellblauen
Punkten
vielen roten Blitzen

Vielleicht habe ich heute
eine Geschichten-Aura
um mich herum

Im Moment
spüre ich sie nicht

Sofern
eine Aura im Kopf sein kann
-wohl eher nicht-
ist sie dort
In meinen Vorstellungen ist sie
in meinen Gedanken

Um mich herum
spüre ich sie nicht

Deshalb
bin ich guten Mutes
dass auch andere
sie nicht spüren
dass auch meine Umgebung
sie nicht spürt

Irgendwie

fühle ich mich heute

so brav
wie meine
Frisur

Ich verwuschle
meine Haare
schaue in den Spiegel
grinse mir zu
zeige mir einmal
die Zunge

Das wird ein frecher
lustiger, lebendiger Tag!

Lebenszeugnis

Müsste ich mir heute
ein Zeugnis ausstellen
für mein bisheriges Leben

Müsste ich es bewerten

Wie viele „Sehr gut“ wären darin?

Viele
Viele

Auch manche
„Nichtgenügend“
Nicht genügend für die Augen anderer
Nicht genügend für meine eigenen hohen Ansprü-
che

Auch einige „Befriedigend“
wären darin

Müsste ich mir heute
Ein Lebenszeugnis ausstellen

Viele „Befriedigend“ wären
darin
viele „Genügend“

Müsste ich mir heute
ein Lebenszeugnis ausstellen
Ich würde mich im Spiegel ansehen
würde mir zulächeln

Sehr gut hast du das gemacht
Gudrun

Denn
ob genügend, sehr gut, befriedigend
…

Du bist dir treu geblieben
immer
Bist deinen Weg
Gegangen

nicht immer

Heute gehst du ihn

Heute bist du du

Sehr gut Gudrun!!!

Nachtgedicht

Ich wache auf
Mein Magen knurrt
hungrig bin ich

Hin- und her gerückt
fühle ich mich
Hin- und her gerückt
bin ich

Nur im Kopf
bin ich
hin- und her gerückt

Ich trinke ein Glas
warme Milch
schreibe dieses Gedicht
kuschle mich
in mein Bett
und schlafe weiter

Überzeugungen

habe ich heute
nicht mehr viele

Nur eine:
Unser Lebensweg
ist uns vorgezeichnet

Oft stehen wir
an Kreuzungen
wissen nicht
ob wir rechts oder links
abbiegen sollen

Ob wir diesen Weg nehmen sollen
oder den anderen

Dabei bräuchten wir
nur eines

Uns führen lassen
Unseren Eingebungen folgen
dem Weg unseres Herzens
folgen

Anstrengend

Irgendwie
bin ich mir heute
selber zu anstrengend
und es ist mir
zu anstrengend
etwas dagegen zu tun

Ach wie anstrengend!

Selbst-Liebe

Heute ist
Katharinas Seele
liebesbedürftig
neugierig
lebenshungrig

Heute
wird sich
Katharina
Lebensmittel kaufen
die ihr gut tun
die sie stärken

Sie wird sich
Blumen kaufen

Sie wird sich
Gutes tun

Heute gibt
sich Katharina
selbst Liebe

Selbst-los

Selbstlos
Wie ich dieses
Wort
manchmal hasse

Ich hasse es

Vielleicht
weil ich viel zu lange
selbst-los war
ohne Selbst

Selbstlos
bis zur Selbstaufgabe

Als ich dann
feststellte
dass davon keiner etwas hat

habe ich es aufgegeben
selbst-los zu sein

Eine
gute Entscheidung

Für mich
war sie
lebensrettend

Seelen-Arbeit

Als sie eines Tages
aufhörte
destruktiv mit sich selbst
umzugehen
war das erst
ungewohnt
Sie war auf ungewohntem Terrain
unterwegs

Als sie eines Tages
begann
sich selbst wertzuschätzen
sich selbst anzuerkennen
war sie ebenso
auf ungewohntem Terrain
unterwegs

Als sie eines Tages
begann
sich selbst anzunehmen
sich selbst zu lieben
war das sehr ungewohnt

Denn
es bedeutete
harte Arbeit

Arbeit
Arbeit

Es bedeutete
sich zu verabschieden

von Mustern
Verhaltensmustern
Beziehungsmustern
Gedankenmustern

Als sie eines Tages
begann
sich selbst zu lieben
war das ungewohnt

Manchmal
ist es immer noch ungewohnt

Aber sie lernt

Und
es tut gut

Sehr gut!

Warum ich den Boden meiner Terrasse so mag

Im Sommer liebe ich den Boden meiner Terrasse

Er ist so warm ist heiß
Ich liebe es auf ihm zu stehen
meine nackten Füße wärmen zu lassen

Manchmal stehe ich einfach
auf dem Boden meiner Terrasse
Stehe fühle genieße
Denke nicht
Fühle nur

Überlebensstrategien

Um nicht an meinen Gefühlen
zu ersticken
Um nicht von ihnen übermannt
zu werden
Um nicht an und unter ihnen
zu leiden

Habe ich mich von ihnen
abgeschnitten

Habe ich sie verborgen
Habe ich sie versteckt
Habe ich unter ihnen
gelitten

Habe ich mir verboten
zu fühlen

Um nicht mein Herz
über meinen Verstand
siegen zu lassen

Heute weiß ich
dass keiner Sieger ist
und keiner Verlierer

Denn ich möchte meinen
Verstand nicht missen
und genauso möchte ich
meine Gefühle nicht missen

Ich bin im Einklang
mit mir selbst
Ich ruhe in mir
Ich bin in meiner Mitte

Ich bin bei mir
und dort fühle ich
mich wohl

Heimat - innere Heimat

Was ist meine Heimat?
Wo ist meine Heimat?
Wer ist meine Heimat?
Wo ist meine innere Heimat?

Meine Heimat
ist nicht
an einem Ort

Meine Heimat
ist
dort
das
der

Ist
dort
wo du bist

Ist
der
bei dem ich mich
wohl fühle

Ist
das
was ich
gern mache

Meine innere Heimat
ist nur
bei mir

und manchmal auch
bei dir

Ruhe

Wo liegt
die Ruhe?

Zwischen
Verstand und Gefühl

Dort liegt
die Ruhe

Zu Herzen genommen

Heute habe ich mir
vieles zu Herzen
genommen

Mein Herz fühlt sich
so gut an
so warm

GLEICHGEWICHT

Ich kann nicht mehr geben
als ich habe

Ich will nicht mehr nehmen
als ich brauche

Ich will nicht mehr
scheinen
als ich bin

Vielleicht bin ich dann
„im Gleichgewicht“?

Hamsterrad

Hamsterrad
Laufen
Laufen
Laufen

Schnell
Schnell
Schnell

Kein Ausweg

Waschmaschine
Waschen
Waschen
Waschen

Schnell
Schnell
Schnell

Waschmaschine
Aus

Wäsche
Nass
Schwer
Voll

Wer hängt sie auf?

Urlaub

Sorry
Gudrun
aber heute
brauch ich
Urlaub
von dir …

Gudrun
geht in Urlaub
Sie kommt zurück
und fühlt sich
wieder wohl
zu Hause
bei Gudrun

Verharmlosung

Verharmlosen
Verniedlichen
Verdrängen

Will ich nie mehr

Das hilft mir
über mich selbst zu lachen

GEWALT IN DER SPRACHE I

WENN MAN WILL
DANN KANN MAN AUCH

DAS IST NICHT WAHR

MANCHMAL WILL ICH
KANN ABER NICHT
WEIL MEINE KRÄFTE
NICHT AUSREICHEN

Gewalt in der Sprache II

Wieviel Gewalt
in der Sprache
sind wir täglich ausgesetzt

Lach doch mal!
auch das ist Gewalt
jemandem zu sagen
er solle lachen
wenn ihm nicht zum Lachen
zumute ist

Gewalt in der Sprache III

Sei doch nicht so empfindlich!
Auch das ist Gewalt
denn es verbietet mir
empfindsam zu sein

Sei wie du bist
nur das macht frei

und verändert mich
und die Welt um mich herum

Rückzug

brauche ich heute
Rückzug
in mein inneres Exil
in meine Innenwelt

So wohl fühle ich mich heute
in meiner Innenwelt
so geborgen
so sicher
so schön
ist es dort

Lebenskalender

Würde ich heute
einen Kalender basteln
über mein Leben

Wie sähe er wohl aus?

Einige Blätter
sind dunkelgrau
beinahe schwarz

Andere
leer

Viele
zartgrün
schimmernd
verheißungsvoll

Dazwischen wieder
einige braune
mit Eselsohren

Und jetzt

Hoffentlich noch viele
leere weiße Blätter
für meine Zukunft

Ich bemale sie schon mal
bemale sie in zartem Grün

Für meine Hoffnungen
für meine Zukunft

Nichts

Warum
klingt heute nichts in mir?

Warum
schwingt heute nichts in mir?

Weil
heute nichts angesagt ist

Weil nichts heute am besten für mich ist

Hängematte

Ich stelle mir eine
Hängematte vor

Eine Hängematte
stelle ich mir vor

Ich lege mich hinein
schaukle hin und her
so gemütlich
ist es in der Hängematte

Mein Körper schwingt
Meine Seele baumelt
Meine Gedanken
werden leicht
und vergnügt

Heute
lege ich mich
in die Hängematte

Und morgen auch

Und immer
wenn meine Gedanken
schwer sind
und trüb

Wie gut
dass es Hängematten gibt

Als Katharinas Körper zu schmerzen begann

da hörte Katharina
auf ihn

Er sagte zu ihr

Katharina
fühle dich nicht für Dinge verantwortlich
für die du keine Verantwortung trägst

Katharina
Mach dir bitte nicht selbst
so viel Druck

Katharina
Nimm deine Ängste wahr
Stell dich ihnen

Katharina
Entspann dich
Konzentrier dich
auf dich

Lass los
Lass los

Versuche
weniger
nachtragend
Weniger

perfektionistisch
zu sein

Du musst nicht
jederzeit
alles unter Kontrolle
haben

Lass los
Katharina

Katharina
lässt los

Ihr Körper
schmerzt weniger

Innenweltverschmutzung

Meine Innenwelt
ist heute
-zum Glück-
überhaupt nicht
verschmutzt

und heute
lasse ich sie mir nicht
verschmutzen

Gut passe ich auf
dass niemand
besonders nicht
ich selbst
sie mir verschmutze

Stimmig

Heute habe ich
so viel Selbstvertrauen
Ich vertraue mir selbst

Heute habe ich
So viel Selbstbewusstsein
Ich bin mir meiner selbst
so bewusst

Heute habe ich
so viel Selbstliebe
Ich liebe mich selbst

Einsortieren
wolltet ihr mich

Schubladisieren
wolltet ihr mich

Ich lasse mich nicht einsortieren

Ich lasse mich nicht schubladisieren

Manchmal
sortiere ich
schubladisiere ich
nicht mich
aber mein Leben

Weil ich mich dann geordneter
fühle
in meinem Leben

Geordneter fühle
in mir

Grau war mein Leben

Grau war mein
Leben
Oft

Schwarz oder weiß
Nur schwarz oder weiß
war mein Leben

Sehr oft
wohl zu oft

Heute ist es
auch mal grau
Und oft
sehr bunt

Nur schwarz
oder nur weiß

Ist es
nur mehr

sehr sehr selten

Nichts getan
(Keine Leistung)

Ich
habe heute
nichts getan

Ich
habe heute
viel getan

Ich
habe mich heute
sein lassen

(Ich
habe heute
sehr viel getan)

Wut ist
ein nicht geschenkter Blumenstrauß
Nichts als Energie
(Verfasser mir unbekannt)

WÜTEND BIN ICH AUF MICH
BÖSE BIN ICH AUF MICH
WÜTEND BIN ICH
WEGEN ALL DER NEINS
DIE ICH NICHT GESAGT
HABE
WEGEN ALL DER JAS
DIE ICH NICHT GESAGT
HABE

BÖSE BIN ICH
AUF MICH
WEGEN ALL DER CHANCEN
DIE ICH MIR ENTGEHEN LIESS
WEGEN ALL DER LEERE
DIE ICH NICHT ZU FÜLLEN WUSSTE
WEGEN ALL DER DINGE
DIE ICH TAT
UM ZU GEFALLEN
UM ZU GENÜGEN

BÖSE BIN ICH AUF MICH
FÜR ALL MEIN
NICHT GELEBTES LEBEN

WÜTEND BIN ICH AUF
MICH
WEGEN ALL DER ZU SPÄT
GETROFFENEN ENTSCHEIDUNGEN

BÖSE BIN ICH AUF MICH
WEGEN ALL DER LÜGEN
DIE ICH MIR SELBST AUFGETISCHT HABE

BÖSE BIN ICH AUF MICH
WEGEN ALL DER HÄRTE GEGEN MICH
SELBST

WEGEN ALL DER BLUMENSTRÄUSSE
DIE ICH MIR NICHT GESCHENKT HABE

STOLZ BIN ICH AUF MICH
DASS ICH BÖSE
SEIN KANN
DASS ICH WÜTEND
SEIN KANN

DASS ICH MIR VERGEBEN KANN

STOLZ BIN ICH AUF
ALL DAS WAS ICH MIR
ERARBEITET HABE

DAS IST MEIN
HEUTIGER BLUMENSTRAUSS
FÜR MICH

Ich dachte immer
ich sei ach so
tolerant

Manchmal
bin ich es
-leider oder zum Glück-
kein bisschen

Ich dachte immer
ich sei ach so
modern

Manchmal
bin ich es
-leider oder zum Glück
kein bisschen

Manchmal
bin ich so gern
-so hoffnungslos (?)-
altmodisch

Der störrische Esel

Als sie bei ihrer Energetikerin
nach der Therapie eine Karte zog
war darauf ein Esel zu sehen

Zuerst war sie ein bisschen enttäuscht
weil sie sich eh schon so oft
wie der dumme Esel gefühlt hatte

Darauf meinte die Energetikerin:
Du bist auch wie der störrische Esel
und sei stolz darauf
Denn der Esel geht nur weiter
wenn er will und nicht wenn die anderen
ihn in eine Richtung ziehen wollen

Ach wie gern ist sie der störrische Esel!

Urvertrauen

hast du nicht
wenn du dich an allem schuld fühlst

Urvertrauen
fehlt dir
wenn du dich nicht traust
zu leben
glücklich zu sein
mutig zu sein

Wenn du es nicht schaffst
dich in den Schoß
deines Wesens
fallen zu lassen

Lange war
mein Urvertrauen
gestört
schwach
verloren

Ich habe mich
auf den Weg gemacht
es zu finden

Heute habe ich es
deshalb
schäme ich mich
nicht mehr
mein Wesen zu leben

Deshalb
bin ich heute

Stark
Frei
und

Glücklich

Was ist deine Lebensphilosophie?

habt ihr mich gefragt

Heute ist meine Lebensphilosophie
keine zu haben

Energie

Manchmal gibt
es mir Energie
wenn ich mir eingestehe
keine zu haben

Poesie des Alltags

Wie viel Poesie
liegt doch
in einem warmen Sommerregen

In einem blühenden Apfelbaum

In einem Regenbogen
der sich schillernd
über das Tal spannt

Wie viel Poesie
liegt doch in einem Lächeln
das du für mich hast

Wie viel Poesie
liegt doch im Alltag
Wie schön ist doch
der Alltag

„Versuchen Sie, ihre Gedanken zu ordnen"
haben sie mir gesagt
Ich dachte das sei so schwer
dabei ist es leicht

Nur manchmal finde ich
zu viel Ordnung in meinem Kopf
leider ein bisschen
langweilig!!!

Irgendwie kann ich heute nichts anfangen

mit den all den relativen Wahrheiten
mit all den subjektiven Wahrheiten
mit all den persönlichen Wahrheiten

Deshalb wende
ich mich heute
der absoluten Wahrheit zu

Das tut gut
denn ich spüre mich
so tief in mir

Fühle mich sehr geborgen
und das gibt mir Kraft

Katharinas Bett ruft sie

Was ist denn jetzt los?
Warum bin ich
plötzlich so traurig
fühle mich so „abgeschnitten“
von den Menschen um mich herum
vom Geschehen um mich herum

Katharina
du hast in den letzten Tagen und Wochen
viel durchgemacht

Du hast einen Musikfreund verloren

Ein Beziehungswunsch
hat sich nicht erfüllt
zu einem Mann
der dir sehr viel bedeutet

Du warst gestern
sehr produktiv und aktiv
Du hast wenig geschlafen

Katharina geht früh
schlafen
Kuschelt sich
in ihr warmes weiches Bett
wickelt sich ein
lässt sich fallen
Sie schläft durch
erwacht am nächsten Tag
steht auf

schreibt einen Text
freut sich schon
auf das frühmorgendliche
Vogelkonzert
auf ihr Frühstücksgetränk

Katharina ist
ausgeruht
fröhlich und gelassen

Sie will heute
einen schönen Tag erleben

Und sie weiß
das wird sie
...

Glück in Prozent

Müsste ich heute
mein Glück
in Prozentzahlen ausdrücken

Die Zahl würde
97 Prozent heißen

100 Prozent
wären es
wenn du bei mir wärst

Katharinas Lichtschwert

Katharina
zieht
ihr Lichtschwert

Und durchtrennt
damit
alle Fäden
zu den Menschen
in ihrem Leben
die ihr nicht gut tun

Katharinas Seele

Abklingende Angststörung
Depression
Bipolare Störung
Histrionische Persönlichkeitsstörung
Posttraumatische Belastungsstörung
Somatisierungsstörung

Diagnosen
Diagnosen
Medikamente
Medikamente

Katharina wird all dies bald nicht mehr brauchen
Weil sie ihre Krankheiten als das sieht, was sie sind

Ein Aufschrei Ihrer Seele
Sie hört ihn
Sie geht liebevoll mit ihm um

Heute braucht Katharina
Nur mehr drei Dinge

Auf die Signale ihres Körpers hören

Ihrem inneren Kompass folgen

Auf ihren klaren, scharfen Verstand vertrauen

KATHARINA IST GEHEILT!!!

Friedensbombe

Herr Dr. G. (fragt seine Kollegin): Fr.Dr.A., wohin werfen Sie die Bombe? In die Wohnung des Nachbarn oder in Ihre eigene Wohnung?

Fr.Dr.A.: In die Wohnung des Nachbarn.

Herr Dr.G.(zu Patientin): Und wohin werfen Sie die Bombe?

Patientin(leise, resignierend): Ich werfe gar keine Bombe.

Bomben trug sie in sich.
So viele Bomben.
So viele Bomben hatte sie geworfen, gegen sich selbst geworfen, jahrelang.
Bomben, gegen sich selbst gerichtet.

Eines Tages explodierten die Bomben, alle gleichzeitig explodierten sie.
Es gab eine gewaltige Explosion, einen riesigen Knall.
Und dann war Friede, dann war Ruhe.

Friede in ihr, Ruhe in ihr.
Heute ist Friede in ihr, ist Ruhe in ihr.
(Sie wirft keine Bomben mehr, weder gegen sich noch gegen andere. Weder auf sich, noch auf andere.)

Die Patientin ist erlöst.

Mit Hilfe von den richtigen Menschen hat sich die Patientin selbst geheilt.
Ihre Selbstheilungskräfte haben sie geheilt.
Ihr Mut, ihre schonungslose Wahrheit zu sich selbst, haben sie geheilt.
Die Patientin ist stolz auf sich.

Die Patientin ist geheilt.

Ge-lassen-heit

Ich bin
heute
sooo
gelassen

Ich lasse
mich heute
sein

Oooooohhhmmmm!

Kennst du das Buch „Der Weg war umsonst"?

Oft habe ich
in diesem Buch gelesen
Vielleicht zu oft

Heute begreife ich
Es gibt keinen Weg
der umsonst ist

LASST UNS DAS LEBEN FEIERN

ICH FEIERE HEUTE
MEINE GESUNDHEIT

ICH FEIERE HEUTE
MEINE KRITIKFÄHIGKEIT

ICH FEIERE HEUTE
MEINE VERGANGENHEIT

ICH FEIERE HEUTE
MEINE STÄRKE

ICH FEIERE HEUTE
MEINE SCHWÄCHE

ICH FEIERE HEUTE
MEINE ZUFRIEDENHEIT

ICH FEIERE HEUTE
MEINE UNZUFRIEDENHEIT

ICH FEIERE HEUTE
MEINE ANGEPASSTHEIT

ICH FEIERE HEUTE
MEIN BRAVSEIN

ICH FEIERE HEUTE
MEIN BÖSESEIN

ICH FEIERE HEUTE
MEINE ERFOLGE

DIE SICHTBAREN
UND
DIE UNSICHTBAREN

DIE GROSSEN
UND
DIE KLEINEN

ICH FEIERE HEUTE
MEIN GLÜCK

DAS GROSSE
UND
DAS KLEINE

ICH FEIERE HEUTE
MICH

ICH FEIERE HEUTE
DICH

ICH FEIERE
ALL DAS WISSEN
ICH FEIERE
ALL DAS UNWISSEN

ICH FEIERE HEUTE
ALL DAS KALKULIERBARE

ICH FEIERE HEUTE
ALL DAS NOCH NICHT KALKULIERBARE

ICH FEIERE HEUTE
DIE WELTEN

ICH FEIERE DIE
DIE ICH LEBTE

ICH FEIERE DIE
DIE ICH NICHT LEBTE

ICH FEIERE DIE
DIE ICH JETZT LEBE
ICH FEIERE DIE

DIE ICH JETZT NICHT
LEBE

ICH FEIERE HEUTE
DAS LEBEN

SELBSTBEWUSSTSEIN SELBSTSICHERHEIT SELBSTVERTRAUEN

Nur wer sich kennenlernt
der lernt sich lieben
Wer fremd sich bleibt
wie soll er sich vertrauen?
Sich fallen lassen
in den Schoß seines Wesens

So wie Bäume
Sich mit zunehmender Größe
verjüngen
Wird das Herz mit wachsender Liebe
immer kindlicher
(Verfasser mir unbekannt)

Selbst-bewusst
bin ich meistens
Ich bin mir bewusst
dessen
was ich kann
und was nicht
wo meine Stärken liegen
und
wo meine Schwächen

Selbstsicher
bin ich manchmal nicht
weil ich keine Sicherheit
in mir selbst finde

Selbstvertrauen
fehlt mir manchmal
weil ich zu schwach bin
mir selbst zu vertrauen

Ich weiß aber
dass es jemanden
etwas
gibt
dem ich immer
und jederzeit
vertrauen kann
etwas das
höher ist als ich
etwas das größer ist als ich
etwas das unvergänglicher ist als ich
etwas das ewiger ist als ich
etwas das in mir
und gleichzeitig
über mir ist
Etwas das
mich immer trägt
mir immer vertraut
dem ich immer vertraue
Und deshalb
habe ich
richtig betrachtet
immer
Selbstvertrauen

Mein Dankgebet heute

Danke Herr
für den sternenklaren Himmel
den ich gestern bestaunen durfte
und für den Menschen
an den ich dabei dachte

Danke Herr
für den Kuchen
den ich heute backen möchte
Danke Herr
für den Schlaf
der mir morgen fehlen wird
weil ich dieses Gedicht
mitten in der Nacht
geschrieben habe

Danke Herr
für meine Hände
die heute wieder
Gedichte schreiben werden

Danke Herr
für meinen Geist
der sprüht
vor Kreativität
und für meinen Kopf
voller Ideen

Danke Herr
für den heutigen Tag

Medien

Ich, ein Kind der ausgehenden Sechzigerjahre

Hanns-Martin Schleiers Entführung
Die Ermordung Aldo Moros
Baader-Meinhof-Bande
Der gewaltsame Tod des Benno Ohnesorg

Eine Welt
in der die Terrorgefahr
objektiv gesehen
viel größer war
als sie es heute ist

In der sie nur nicht so
omnipräsent war

Dann
viel später
9-11
omnipräsent
Berichterstattung
rund um die Uhr

Ich
ein Mensch der mit Menschen
aus vielen Nationalitäten
mit verschiedenen Religionen gearbeitet
und nie
wirklich nie
ein Problem damit hatte
aufgrund seiner Offenheit

und toleranten Haltung

Ich
hatte gerade einen Einkauf gemacht
als ich
-in Gedanken versunken-
um die Ecke bog
und vor mir eine
bis auf den Sehschlitz
schwarz verhüllte Frau stand
bekam Angst
erschrak
und mir wurde unheimlich zumute
...
Medien ... ???

Klischees

Katharina zu sich selbst:
Pass auf dass du nicht eines Tages ein Abklatsch des Klischee-Bildes wirst, das du anderen von dir vermittelst!

Katharina zu Katharina:
Ja, mach ich, vielleicht mach ich es mir selbst einfacher wenn ich dem Klischee entspreche, wenn ich mich dem Klischee-Bild anpasse, vielleicht mache ich es meiner Umgebung und damit mir selbst leichter.

Katharina zu sich selbst: Ich weiß es (noch) nicht.

Kaputt gegangen

In mir ist
vieles kaputt
gegangen

Einiges
lässt sich
nicht mehr
reparieren

Und
damit kann ich
-inzwischen-
leben

MOTIVATION

ICH BIN HEUTE
SO SCHRECKLICH HERRLICH
UNMOTIVIERT !!!

Die Dankbarkeit des Morgens

So viel gibt es
wofür ich heute dankbar bin

Für meine Wohnung
in der Stadt die ich mag

Meine Wohnung
so ideal gelegen

Zu Fuß
schnell in der Stadt
Zu Fuß
gleich im Wald

Meine Wohnung
mein eigenes kleines Paradies
mein äußerer Ruhepol
mein Urlaubsort
mein Exil
meine sichere Burg

Dankbar bin
für den Besuch
gestern und vorgestern
bei dir
Und das Gefühl danach
dass ich nützlich war
weil ich dir arbeitend
geholfen habe
und zuhörend

Und weil du mir geholfen hast
in dem du meine Arbeit
und mein Zuhören
geschätzt hast

Wir verstehen uns
und tun uns gut

Ich freue mich
dass es dich gibt
lieber G.

Dankbar bin ich
für den heutigen Tag
dass ich ihn schon im Kopf geplant habe

Wie sieht der Plan aus?

Alle Dinge tun
die mir heute gut tun
und Freude machen

Der Plan ist auch
den Tag nicht zu sehr
zu verplanen

Ihn einfach gut
auszufüllen

Ich denke, der Plan gelingt
und dafür bin ich sehr dankbar!

Stoppschilder

Stoppschilder
stelle ich auf
Stoppschilder
vor Menschen
die mir nicht gut tun

Vor jedem
der mich klein machen will

vor Zwängen
aller Art

Stoppschilder stelle ich auf

Manchmal auch
vor mir selbst
wenn ich mir im Weg stehe

Stoppschilder stelle ich auf

Psychosomatik

Wenn Hände
vermeintlich nur dazu da sind
anderen zu helfen

Wenn Hände
vermeintlich nur dazu da sind
andere aus dem Dreck zu ziehen

Dann
beginnen sie
zu schmerzen

Wenn Köpfe
nur dazu da sind
sich Sorgen zu machen
um sich und andere

Viel zu viel
schon im Vorhinein
zu denken
was alles
passieren könnte
dann beginnen sie
zu dröhnen

Wenn Mägen
nur dazu da sind
ständig Ärger
und Wut
und Hass zu schlucken

Dann
beginnen sie
zu brennen

Wenn Rücken
nur dazu da sind
um sich zu unterwerfen
zu buckeln
sich zu beugen

Dann beginnen sie
zu schmerzen
krumm zu werden

Wenn
Schultern nur dazu da sind
sich alles aufladen zu lassen
dann beginnen sie
steif zu werden
zu schmerzen

Wenn der Mensch
nur dazu da ist
um zu funktionieren
Dann beginnt er
krank zu werden

Gefühle

Trauer
verdrängen
Das funktioniert nicht

Enttäuschung
runterschlucken, runterspielen
Das funktioniert nicht

Schmerz
bekämpfen
Das funktioniert nicht

Nur
all diese Gefühle
in's Herz lassen
Das funktioniert

OPFER?

IST SIE HEUTE NICHT MEHR

IST NICHT MEHR

OPFER
HILFLOS
MACHTLOS
AUSGELIEFERT

IST AUCH NICHT MEHR
(INDIREKTER) TÄTER

WER WAR TÄTER?
WER WAR OPFER?
WER WAR SCHULD?

ES ZÄHLT NICHT

ES GIBT KEINE SCHULD

ES GIBT KEINE (SELBST-)VORWÜRFE

ES GIBT KEINE TATSACHEN

ES GAB VERGEBUNG

ES GIBT FRIEDEN

SELBSTMITLEID

bringt Ihnen nichts
haben Sie mir gesagt

Manchmal bringt es mir etwas

Nämlich das gute Gefühl
wenn ich mich
nach langem „Suhlen“ darin
daraus befreien kann

Störungsfrei

Essstörung
Dissoziative Störung
Persönlichkeitsstörung

So viele Störungen

Heute hat Katharina
keine Störungen mehr

Denn ihr Verhältnis
zu sich selbst
in ihrer Ganzheit
ist gesund

VERANTWORTUNG

Ich bin verantwortlich dafür
was ich sage

Aber nicht verantwortlich dafür
was du hörst

Ich bin verantwortlich dafür
wie ich es sage

Aber nicht verantwortlich dafür
wie du es hörst

Ich bin verantwortlich dafür
was ich aussende

Aber nicht verantwortlich dafür
was du empfängst

Ich bin verantwortlich dafür
wie ich lebe

Aber nicht verantwortlich dafür
wie du das findest

Was sind

Die Eifersüchtigen
Die Neider
Die Opportunisten

Das sind Menschen
die kein gesundes Selbstwertgefühl haben

Das sind unglückliche Menschen
Ein glücklicher Mensch
hat das alles nicht nötig

Was ist deine Lebensphilosophie?

habt ihr mich gefragt

Heute ist meine Lebensphilosophie
keine zu haben

WISSENSCHAFTLICHE UNTERSUCHUNG
(GESEHEN IN EINER TV-REPORTAGE)

Ein Kopfmensch
Zahlenmensch
nüchterner Mensch
Wissenschaftler
technisch begabter Mensch
geht in eine Bäckerei
um Semmeln zu kaufen

Er geht zu einer
Verkäuferin
die gerade frei ist
sagt, was er möchte
bekommt seine Semmeln
bezahlt
und verlässt die Bäckerei

Ein kreativer Mensch
ein Gefühlsmensch
ein künstlerisch begabter Mensch
geht in eine Bäckerei
um Semmeln zu kaufen
Er betritt die Bäckerei
hört
welche Musik aus dem Lautsprecher kommt
Riecht
die verschiedenen Gerüche
Sieht
welche Menschen

an den Tischen sitzen
erkennt dort einen Bekannten
überblickt sofort
das große Warensortiment

Dann geht er zu einer Verkäuferin
die gerade frei ist
und es fällt ihm
nicht mehr ein
was er kaufen wollte

Da besinnt er sich darauf
dass auch er Kopfmensch sein kann
kauft seine Semmeln
bezahlt
und verlässt die Bäckerei

ZUFRIEDENHEIT

WENN SIE ECHT IST
UND NICHT BLOSS SCHEIN
DANN TUT SIE GUT
IN IHR STECKT DAS WORT
FRIEDE

WENN SIE ECHT IST
BRINGT SIE
FRIEDEN

Zusammenbruch

Was war
vor dem Zusammenbruch

Überlastung
Überforderung
Unterdrückung
Ausweglosigkeit

Übersteigerung
Überempfindlichkeit
Übersensibilität

Zusammenbruch
Umbruch
Aufbruch

Bruch

Was ist zerbrochen

Vieles
und doch
eigentlich
nichts

Für Z.

Worauf ich nicht verzichten möchte?

Auf Luft zum Atmen
Auf Stimme zum Singen
Auf Beine zum Laufen

Auf Augen
Um dich zu sehen
Auf Ohren
Um dich zu hören
Auf mich
Um bei dir zu sein

Zwiegespräch
(Katharina zu sich)

Was ist denn los mit mir?

Ich bin so traurig, so müde, so lustlos…

Der Sch… Fernseher, ich möchte so gerne
fernsehen, mich beschäftigen
Aber ich halte es nicht aus, den Lärm,
die schnell wechselnden Bilder…
Ich halte gar nichts mehr aus.

Bitte, lieber Gott, nicht schon wieder!
Depression, Nicht- schlafen-Können
Bitte, bitte nicht!

Katharina, leg dich schlafen!
Vergiss nicht, du hast zwei Stunden
Therapie hinter dir, bei der es
„An's Eingemachte" ging
Und hast dir danach nur
kurz Ruhe gegönnt, um sie
nachwirken zu lassen
und das, was ausgegraben wurde,
zu verarbeiten

Aber es ist doch erst 20.30 Uhr
Dann wache ich wieder mitten in
der Nacht auf und kann nicht mehr
einschlafen
Dann geht das wieder los!

Katharina
schaltet den Fernseher aus,
zieht die Vorhänge zu
und legt sich schlafen

Sie schläft durch, traumlos,
schwer, wie ein Stein

Am nächsten Morgen:
Katharina ist ausgeruht, fröhlich,
voller Tatendrang.

Siehst du Katharina…
Es hat geholfen.
Gib deinen Bedürfnissen nach, bewerte sie nicht
und dich nicht!
Hör auf deine innere Stimme!
Sie sagt dir immer, was zu tun ist.

Bravo Katharina!
Gut gemacht.

Vorläufige Lebensbilanz

Müsste ich heute eine
Bilanz ziehen
meines bisherigen Lebens

Wie würde sie wohl aussehen?

Hmmm
Hmmm
Hmmm…

Eigentlich
möchte sich sie euch
jetzt gar nicht verraten

So viel steht fest:

Mir gefällt sie recht gut

Zweifel

Das ist super!

Na ja, so super ist es wohl nicht…
Aber es tut sehr gut

Also ist es doch super!

Ja, super!

Was gibt mir heute Energie???

Allein zu sein
gibt mir Energie

Bei mir zu sein
gibt mir Energie

Schreiben
gibt mir Energie

Schokolade
gibt mir Energie

Ich sein
gibt mir Energie

Energie II

Heute gibt mir Energie
mir einzugestehen
dass ich keine Energie
habe

Selbst-Erfahrung

Eine Erfahrung
ein Prozess
den ich jedem Menschen
wünsche und empfehle
der unglücklich ist
und sich auf den Weg machen möchte

Auf den Weg
zu sich selbst
zu seinem Lebensglück zu finden

Es ist kein einfacher Weg
aber er macht glücklich

Mich hat er
glücklich gemacht

Heute bin ich
glücklich

„Waffen“

Ich dachte immer
meine Waffe
wären
meine Fäuste

Nie

Ich dachte immer
meine Waffe
wäre
mein Körper

Nie

Ich dachte immer
meine Waffe
wäre
mein Intellekt

Leider auch nicht

Nun
weiß ich
Meine „Waffe“
sind Worte

Ebenfalls im Frieling-Verlag Berlin erschienen:

Von ganzem Herzen

Gedichte

Poetische Einblicke in das eigene Selbst, Mitgefühl für Umwelt, Mitmenschen und Freunde, aber auch Beobachtungen des Weltgeschehens – die Gedichtsammlung von Gudrun Monitzer hat viele Facetten. Stets begleitet eine leise Melodie des Schmerzes, die in der Akzeptanz des Erlebten mündet, Monitzers einfühlsame Verse. Und doch bleiben ein Schimmer der Hoffnung und ein Gefühl versöhnlicher Heiterkeit gegenwärtig.

Paperback • EUR 8,90
ISBN 978-3-8280-3490-7